Le prince Olivier ne veut pas se laver

Odile Hellmann-Hurpoil vit à Troyes dans l'Aube où elle est née en 1946. Collaboratrice d'un quotidien régional et auteur pour enfants, elle aime voyager dans l'imaginaire. Fées, princesses et fantômes, mais aussi ses quatre enfants et les aventures de sa vie quotidienne, sont la source des nombreux contes qu'elle publie dans les revues de Nathan, Fleurus, Milan et Bayard Presse.

Du même auteur dans Bayard Poche :
Le roi se remarie (Les belles histoires)

Patrick Benson vit en Angleterre où il est né en 1956. Grand amateur de pêche, il aime parcourir le monde, des déserts d'Afrique aux îles Galapagos. Il est l'illustrateur de nombreux livres pour enfants dont : “Les Aventures du Baron” et le “Livre de Hob” parus en France chez Albin Michel.

Bayard Éditions est une marque
du Département Livre de Bayard Presse
ISBN 2. 227. 72122. 7

Le prince Olivier ne veut pas se laver

Une histoire écrite par Odile Hellmann-Hurpoil
illustrée par Patrick Benson

BAYARD ÉDITIONS

Il était une fois
un roi, une reine
et leurs deux enfants.

Les habitants du pays étaient très fiers
du roi Hubert, de la reine Isabelle
et de la princesse Marinette,
mais ils avaient un peu honte
du prince Olivier.
Il était pourtant toujours gai,
toujours prêt à rendre service.
Il n'avait qu'un seul défaut,
il ne voulait pas se laver !
Aussi l'avait-on surnommé
le prince mal débarbouillé*.

*Ce mot est expliqué page 43, n° 1.

Le matin,
la reine Isabelle lui disait
en l'embrassant :
– Prince Olivier, mon fils,
il faut vous laver !
Vos joues sont toutes noires
et vos mains toutes collantes !
Mais le prince Olivier répondait :
– Reine Isabelle, ma mère,
pourquoi me laver,
puisque je vais encore me salir
en jouant dans le parc ?

A midi, le roi Hubert lui demandait :
– Prince Olivier, mon fils,
vous êtes-vous lavé aujourd'hui ?
Et le prince Olivier lui répondait :
– Non, Roi Hubert, mon père,
je ne me suis pas lavé aujourd'hui.
Mais je me suis lavé les pieds
le mois dernier,
c'est bien assez !

A l'heure du goûter,
la princesse Marinette s'écriait :
– Quelle horreur ! Prince Olivier,
mon frère, vous avez des poux
et vos oreilles sont crasseuses* !
Le prince Olivier essuyait sur sa chemise
ses doigts pleins de chocolat
et il répondait :
– Princesse Marinette, ma sœur,
j'entends très bien avec mes oreilles.
Alors, pourquoi les user en les lavant ?

*Ce mot est expliqué page 43.

A la cour, tout le monde est triste
d'avoir un petit prince aussi sale.
Le roi Hubert prend sa grosse voix :
– Prince Olivier, mon fils,
si vous ne vous lavez pas,
vous irez dormir avec les cochons !
Mais le prince Olivier ne se lave pas.
Il sait bien que son père l'aime trop
pour l'envoyer dormir avec les cochons.

La reine Isabelle le menace :
– Prince Olivier, mon fils,
si vous ne vous lavez pas,
vous n'aurez plus de gâteau au chocolat !
Mais le prince Olivier ne se lave pas.
Il sait bien que sa mère l'aime trop
pour le priver de gâteau au chocolat !

La princesse Marinette
ne veut plus s'asseoir à côté de lui :
– Prince Olivier, mon frère,
vous sentez mauvais !
Alors là,
le prince Olivier se met à pleurer très fort
en criant que ce n'est pas vrai,
qu'il ne sent pas mauvais,
que sa sœur est une menteuse
et une méchante !

La princesse Marinette
aime trop son petit frère
pour le laisser pleurer.
Elle retourne s'asseoir à côté de lui.
Et le prince Olivier
ne se lave toujours pas !

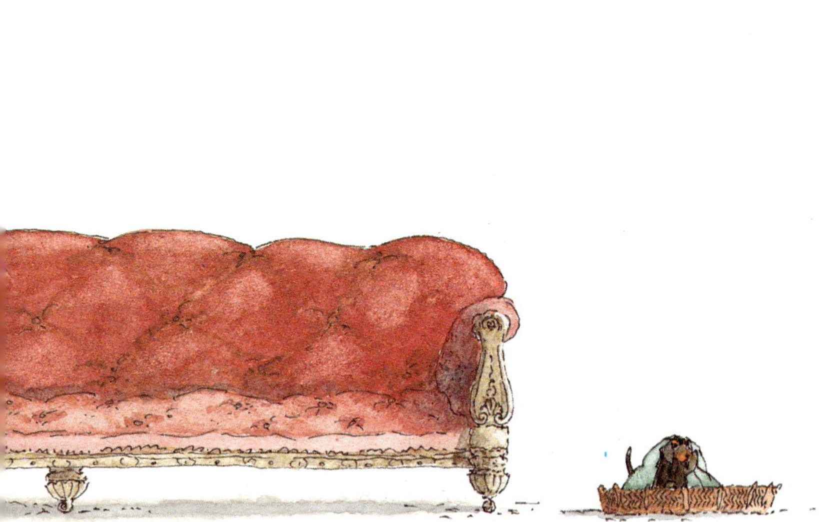

Un soir,
la grand-mère du prince Olivier,
la reine Marguerite,
arrive au palais.
On lui raconte que le prince
ne veut toujours pas se laver.

Alors, en grand secret
pour ne pas réveiller
le prince,
la reine Marguerite
réunit tout le monde,
le roi, la reine,
la princesse Marinette,
les gardes, les valets,
les servantes,
les cuisiniers.
Tous ensemble,
ils établissent
un plan de bataille.

Le lendemain matin,
le prince Olivier est très étonné
de trouver des bols et des cuillères sales
sur la table de la salle à manger.
Il demande un bol et une cuillère propres.
La servante lui dit qu'il n'y en a plus,
qu'elle ne fait plus la vaisselle
pour ne pas user les bols, ni les assiettes.
Et que, d'abord,
ça ne sert à rien de les laver
puisqu'on les resalit
en mangeant dedans.
Le prince Olivier trouve
que c'est vraiment dégoûtant de déjeuner
dans un bol qui n'a pas été lavé !

Le prince Olivier traverse le palais.
Que se passe-t-il ?
Des papiers de bonbons,
des mégots* de cigarettes,
des épluchures de cacahuètes
traînent par terre.
De la poussière, des toiles d'araignées
recouvrent les meubles.
Un valet* passe par là.
Le prince Olivier lui dit :
– Il faut faire le ménage !
Mais le valet répond :
– Prince Olivier,
j'ai balayé hier, c'est bien assez !
Et les araignées ne vont pas vous manger !

*Ces mots sont expliqués page 44, n° 3 et 4.

En l'honneur de la reine Marguerite,
la famille royale est réunie
dans la grande salle de gala.
La reine Isabelle,
vêtue d'une vieille robe de chambre,
a de gros bigoudis* sur la tête.
Son rouge à lèvres a coulé
et lui barbouille le menton.
Le roi Hubert n'est pas rasé.
Il est coiffé d'un vieux bonnet de laine
et il est encore en pyjama.

*Ce mot est expliqué page 45, n° 5.

La reine Marguerite
ressemble à une vieille sorcière.
Ses cheveux blancs, tout emmêlés,
pendent sur un vilain châle
plein de taches.
Ses orteils prennent l'air
dans des savates* percées.
La princesse Marinette
a la figure barbouillée de chocolat
et elle essuie ses mains pleines de boue
sur son chemisier rose.

*Ce mot est expliqué page 45, n° 6.

Le prince Olivier croit rêver.
Il pense que, vraiment,
tout va de travers au palais !
Que sa mère, son père,
sa grand-mère et sa sœur font sales !
Ils sont trop moches !
Et ça n'a même pas l'air de les gêner !
Toute souriante,
la reine Marguerite lui dit :
– Prince Olivier, mon petit,
nous avons décidé
de nous laver seulement une fois par an.
C'est bien suffisant !
Après tout, vous avez raison,
pourquoi se laver tous les jours
puisqu'on se salit tous les jours ?
Et nos vieux habits tachés,
nos cheveux mal coiffés
ne nous empêchent ni de dormir
ni de manger !

Le prince Olivier ne répond pas.
Il n’est pas content, pas content du tout.
Tant que lui seul ne se lavait pas,
ne se coiffait pas,
portait des vêtements crasseux,
il trouvait ça très bien.
Mais si tout le monde fait comme lui,
ça ne va plus !

Le lendemain matin,
il s'enferme dans la salle de bains.
Alors, un bruit court dans tout le palais :
– Le prince Olivier se lave !
Le prince Olivier se lave !

Tout est redevenu comme avant au palais.
Enfin, pas tout à fait comme avant.
Car on n'entend plus jamais
la reine Isabelle dire :
– Prince Olivier, mon fils,
il faut vous laver !

LES MOTS DE L'HISTOIRE

1. **Se débarbouiller,**
c'est se laver la figure rapidement sans frotter.

2. **Etre crasseux,** c'est être très sale, vraiment dégoûtant.

3. **Un mégot,** c'est un bout de cigarette ou de cigare qu'on a fini de fumer.

4. **Un valet**
est le serviteur
d'un prince ou d'un roi.
Un valet
porte un habit spécial
qu'on appelle la livrée.

5. **Un bigoudi** est un petit rouleau
qu'on met dans les cheveux
pour les faire friser.

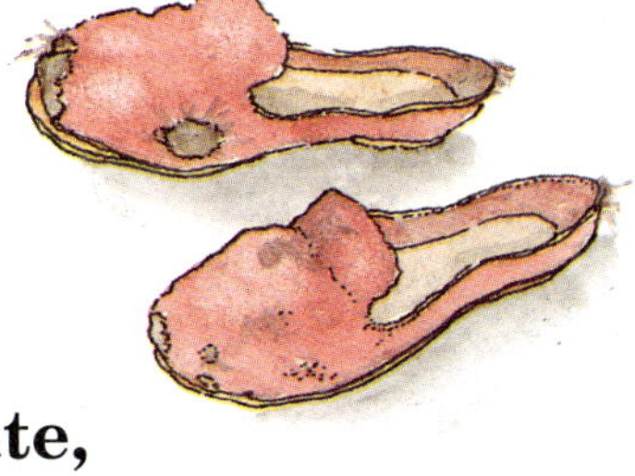

6. **Une savate,**
c'est une vieille chaussure
ou une vieille pantoufle
qui ne tient plus au pied.